AF248307

L 27
n
4492

LE GÉNÉRAL

DE DIVISION

CAMOU,

SÉNATEUR.

TOUL.

Imprimerie d'Auguste BASTIEN, rue du Salvateur, 12.

1868.

LE

GÉNÉRAL DE DIVISION CAMOU

SÉNATEUR.

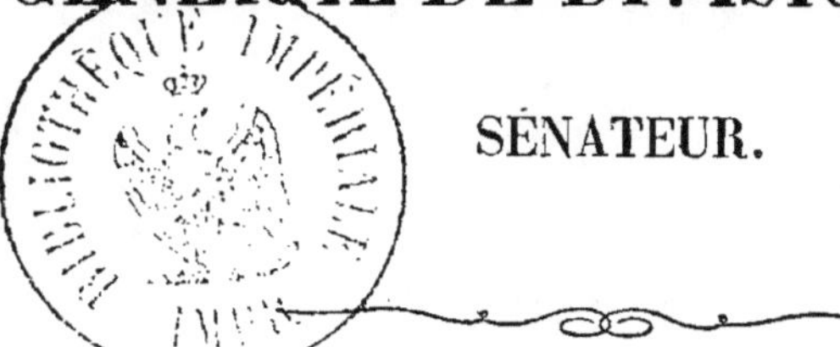

TOUL. — IMPRIMERIE DE A. BASTIEN.

LE

GÉNÉRAL DE DIVISION CAMOU

SÉNATEUR.

Ense et v

I.

Dans les armées, à côté des chefs qui ont fixé la renommée, chez qui tout est grand, les vues, les aptitudes, les élans, les services, il en est d'autres, parmi les généraux divisionnaires, d'un mérite moins éclatant mais très-réel, tout aussi digne de respect et de mémoire : cœurs vaillants, généreux et dévoués avec simplicité ; âmes énergiques et pleines de noblesse ; esprits pratiques, persévérants, expérimentés, conservateurs de la tradition, remarquables par le bon sens, la droiture plutôt que par l'étendue des facultés, toujours appliqués aux soins et aux devoirs du commandement, toujours prêts. Ils vivent de la vie du soldat et ils en sont heureux ; ils veillent sans relâche sur l'instruction, la discipline, le bien-être, le développement physique et moral de ce grand enfant, fils du paysan ou de l'ouvrier ; ils le conduisent dans les marches, au bivouac, au combat ; ils le transforment, l'animent, le pénètrent de tout ce qui le rend fort, et par leur méthode et leurs exemples, l'élèvent parfois jusqu'à l'épaulette ou donnent la trempe à l'officier que les écoles ont formé. Chefs de famille en même temps que chefs de troupes, ils sont appelés : mon général ; mais dans les entretiens familiers du régiment, c'est père tel ou tel qu'on les nomme — et l'on a bien raison, car ils sont en vérité les pères de l'armée !

Le général Camou fut à un haut degré un de ces types, dont on doit dire : modèles de l'honneur et honneur du pays !

Il est mort le 5 février 1868, général de division, grand-croix et sénateur. Il était né le 1er mai 1792. Il avait servi activement depuis l'âge de 16 ans jusqu'à celui de 70. Il avait fait la guerre pendant plus de 25 années. Au prix de quels travaux, de quels efforts, de quels sacrifices, un soldat qui ne s'appuie que sur sa loyale épée, remplit-il une si longue carrière et parvient-il à s'attacher la fortune sans l'avoir jamais courtisée ? Quiconque veut le savoir, lira la notice substantielle, * écrite dernièrement sur le général Camou par un de ses vieux camarades, qui, lui aussi, est un de nos glorieux chefs. Qu'il nous soit permis d'emprunter à ces pages le complément de nos souvenirs personnels, non pour recommencer un tableau achevé, mais pour graver au fond de notre cœur

* Imprimée en 1868, à Nantes : Mme veuve Mellinet, imprimeur.

reconnaissant, dans toute leur pureté, les traits de cette belle figure militaire, que les hasards de nos campagnes nous ont fait connaître, aimer et vénérer.

Camou, Jacques, vit le jour à Sarrance, village des Pyrénées, dans la vallée d'Aspe, au sein d'une famille nombreuse, de médiocre condition et de mœurs patriarchales. Son enfance s'écoula rapide dans ce milieu, où il n'y avait rien que de fortifiant : à l'extérieur le spectacle d'une nature grandiose, à la maison celui des habitudes de simplicité, d'honnêteté et de religion. Plus tard il y eut, pour lui, un spectacle plus attachant encore, celui des mille bienfaits dont il était l'auteur. Sa discrétion égalait sa générosité. Les personnes les plus avancées dans son amitié connaissaient à peine les effets de sa sollicitude pour tous les membres de sa famille. Il répandait secrètement ses aumônes, par les mains d'un de ses neveux, curé de village ; mais il ne fiait qu'à lui-même le soin d'aider, de réconforter affectueusement de ses conseils et de sa bourse, une foule d'anciens camarades et de vieux soldats. Ah ! le digne homme ! Et que l'on comprend bien sa joie intime, quand il revenait passer quelques semaines dans son cher pays, où il comptait autant d'amis que de concitoyens ! A son arrivée on s'empressait au-devant de lui, on tuait les oies grasses, on débouchait le Jurançon , on se réunissait pour prendre les repas. Parents et amis allaient ensemble entendre la messe que disait son neveu le curé ; tous communiaient — et le général attendri, inclinant sa tête blanche, n'était pas le moins fervent à rendre grâces à Dieu, plus encore pour le bien qu'il avait fait que pour les témoignages d'estime publique dont il était entouré.

Mais ne nous écartons pas de l'ordre chronologique. Au commencement de ce siècle, on ne condamnait pas les enfants aux travaux forcés, on n'exigeait pas qu'ils eussent une position dans le monde avant d'avoir de la barbe au menton. Au rebours d'aujourd'hui l'éducation avait le pas; l'instruction ne marchait qu'à sa suite, sans hâte, sans fatigue, avec un bagage moins encombré, mieux classé, dans lequel on trouvait des éléments plus solides pour l'avenir, à l'avantage de l'individu et de la société. Ces idées eurent leur influence sur la direction donnée aux jeunes années de Jacques Camou. A 16 ans il était moins remarquable par la culture de l'esprit que par le développement des qualités de l'âme et par une constitution physique des plus robustes. Il était assez instruit cependant pour que ses parents, suivant en cela une propension qui leur était particulière, essayassent de lui inspirer le goût de l'état ecclésiastique. C'était compter sans le bruit des armées dont l'Europe entière retentissait, sans la gloire des nôtres qui avait pénétré jusque dans les vallées les plus reculées, sans le nom magique du grand Empereur qui remplissait les chaumières aussi bien que les palais. La chose étonnante, en 1808, eut été qu'un jeune homme plein de la sève du vieux sol béarnais, où Gaston-Phœbus, le roi Henri, Gassion, Bernadotte alors — et depuis, Harispe, Bosquet sont des héros populaires, ne se sentit transporté d'enthousiasme et ne courut pas à l'ennemi, quand l'ennemi était si près, sur l'autre versant des montagnes, en face de cette armée d'Aragon que commandait Suchet. Un peu plus tôt, un peu plus tard, il fallait être soldat. Le jeune Camou s'engagea dans les chasseurs de montagne des Pyrénées.

II.

Il y fut admis comme sergent le 5 septembre 1808. L'année 1809 n'était pas accomplie qu'il avait conquis l'épaulette. Cette première campagne avait été un rude apprentissage pour un si jeune homme, et une initiation à ses propres instincts et à sa destinée. Il en ressentit quelque fierté, mêlée à un vif plaisir, lorsque, par suite du licenciement d'un bataillon de chasseurs de montagne, il fut au nombre des officiers rendus disponibles et revint dans ses foyers. Il y resta huit mois, fut replacé dans un régiment d'infanterie qui tint garnison, en 1811 et 1812, dans l'île d'Elbe et en Corse, fit ensuite la campagne de 1813 en Italie, reçut trois blessures au combat de Saint-Hermangore en Illyrie et y fut fait prisonnier, après s'être défendu comme un lion. Rentré en France en vertu du traité de Paris, il servit en 1815 à l'armée des Alpes ; puis, à la fin des Cent jours, il fut mis de nouveau en demi-solde pour n'être rappelé sous les drapeaux qu'en 1817.

Durant ce dernier séjour dans sa famille, il partageait le temps entre l'étude et la chasse ; l'une lui était aussi utile que l'autre. C'était le pain de l'esprit et du corps, le préservatif sûr à la fois contre les mauvaises tendances de l'oisiveté et les violences des passions politiques qui s'étaient déchaînées au commencement de la seconde Restauration, surtout dans le midi, et auxquelles il voulait rester étranger.

A proprement parler, Jacques Camou ne prit donc point part aux grandes guerres de Napoléon 1er. Nous croyons que le hasard qui en décida fut un hasard providentiel.

La petite guerre est le meilleur moyen de former l'officier subalterne ; la grande ne produit le même résultat qu'à cause des opérations accessoires ; elle est plutôt l'école des chefs. Franchement, dans ces longues marches par division ou par corps d'armée, dans ces batailles où des centaines de mille hommes sont engagés, dans ces sièges qui réclament toutes les ressources de l'art, quel rôle un sous-lieutenant a-t-il, si ce n'est de donner à ses soldats l'exemple des vertus guerrière·

et d'exercer sur-eux l'influence morale qui résulte d'elles. Dans la guerre de partisans au contraire, en face d'un adversaire alerte, rusé, audacieux, tel que le miquelet d'Aragon, à ces vertus l'officier doit joindre le talent ou s'appliquer à l'acqué-rir. La connaissance de toutes les choses du métier lui est in-dispensable. Ce que vaut la vie d'un homme dans une troupe peu nombreuse, il l'apprend ; qui s'en soucie au milieu des boucheries du champ de bataille ? Comment on peut imposer au soldat des fatigues et des privations excessives ; quelle peine est nécessaire pour le faire subsister et l'approvisionner, quand il n'y a pas une administration qui y pourvoit, il l'apprend ; sonder, surveiller les populations, se renseigner, étudier le terrain, choisir les bivouacs, raisonner, combiner les mouve-ments, exécuter les marches de jour et de nuit, improviser les surprises, diriger les coups de main, tout cela il l'apprend ; car il sait qu'étant souvent lancé en enfant perdu, il aura son heure de décision, d'initiative et de responsabilité. Or ces soins, ces devoirs incessants à qui incombent-ils dans les grandes armées ? A vingt officiers supérieurs ou généraux qu'il a au-dessus de lui.

La campagne de 1813 en Italie, en raison des conditions particulières dans lesquelles elle eut lieu, offrit au lieutenant Camou la continuation de cet enseignement, à un degré de plus. Tandis que l'Empereur avait concentré la masse de ses forces en Allemagne, « * l'armée d'Italie était livrée à elle-
» même ; ne recevant plus de renforts, ayant ses communica-
» tions presque coupées, affaiblie par de nombreux détache-
» ments et par les garnisons des places fortes, elle soutenait
» une lutte inégale dans la Péninsule. C'était chaque jour de
» nouveaux combats, dans lesquels on défendait pied à pied
» le terrain qu'on ne voulait pas abandonner. »

* Extrait de la brochure indiquée plus haut.

Enfin autre observation importante : les intervalles d'inaction qui avaient entrecoupé ses trois premières campagnes, d'Espagne, d'Italie et des Alpes, avaient permis au jeune Camou la réflexion et l'étude, dont ses camarades étaient privés alors. En Corse et pendant sa captivité en Hongrie, il avait travaillé sans relâche à compléter son instruction générale et à méditer sur les événements dont il était éloigné, à son grand regret, bien entendu. Il n'est pas de méthode plus propre à mûrir l'esprit que cette alternative d'une existence tantôt pleine de mouvement et de faits, tantôt calme, studieuse et réfléchie.

A notre sens, le jeune Camou, loin d'y perdre, gagna sous tous les rapports, excepté peut-être sous celui de l'avancement, à avoir été en dehors du tourbillon impérial. Mais avec une bonne nature, empreinte de modestie, on n'est pas ambitieux avant l'âge ; n'oublions pas qu'il n'avait que 23 ans en 1815.

III.

D'ailleurs, ainsi que toute sa carrière l'a attesté, son ambition était essentiellement lente et douce. Il ne songeait à un pas en avant qu'après avoir mérité trois fois de le faire et si satisfaction ne lui était donnée, il savait se résigner avec philosophie, redoubler d'efforts et attendre encore. C'est ainsi que capitaine adjudant-major pendant la campagne de 1823, blessé devant St-Sébastien, chevalier de la Légion-d'Honneur, puis chevalier de Saint-Louis, on le retrouve capitaine non-seulement à la prise d'Alger, mais jusqu'en 1837 ; car il ne fut nommé chef de bataillon que dans sa 29me année de service. Il ne prenait à cœur que l'intérêt d'autrui. Dépourvu d'amertume et d'envie, il ne jalousait personne ; il aimait au contraire à applaudir aux succès, à reconnaître la supériorité de ses rivaux, et dans les cas contestés et fort contestables, il se taisait, n'imaginant rien de plus petit que le dénigrement. Bon pour les autres, par un juste retour les autres étaient bons pour lui. Lorsque la fortune vint lui sourire sur la terre d'Afrique, au moment où la plupart des officiers se préparent à la retraite, et le prit chef de bataillon à 45 ans pour le faire lieutenant-colonel à 49, colonel à 52, général de brigade à 56 et général de division à 60, aucun de ses collègues n'eut la moindre velléité de récriminer contre cet avancement. Quant à ses chefs, qui l'appréciaient à sa valeur, ils étaient heureux de voir les occasions de grandir se succéder pour lui. L'un d'eux, le maréchal Bugeaud le complimentait en ces termes de sa nomination au grade de général de brigade en avril 1848 : « Si le » gouvernement provisoire n'avait fait que des nominations » comme celle-là, il faudrait lui élever plusieurs statues. »

Loin de s'y reposer à l'exemple de tant d'autres, il ne fut jamais plus actif que dans les hauts grades. Le bonheur est d'être en route et non d'être arrivé. Les événements le servirent, du reste, à souhait et il servit à souhait les événements ; car au fur et à mesure qu'il s'éleva, ses succès à la guerre eurent plus d'ampleur, d'importance et d'éclat. De quelle pure et noble jouissance cette double particularité n'est-elle pas la source : être toujours à hauteur de soi-même et n'avoir au-dessus, à côté et au-dessous de soi que des amis !

IV.

L'organisation des chasseurs à pied, œuvre de prédilection du duc d'Orléans, mit en relief le chef de bataillon Camou. Le prince royal avait tenu la main à ce que le ministre de la guerre composât le personnel de ces bataillons de manière à faire ressortir ce que l'idée créatrice portait de germes heureux. En conséquence une foule d'officiers d'élite avait été réunie au camp de Saint-Omer. Parmi les capitaines étaient Canrobert et Bazaine, parmi les chefs de bataillons de Mac-Mahon et Forey, qui tous les quatre sont maréchaux de France, Mellinet et de Ladmirault, qui tous les deux sont généraux de division, sénateurs, avec un grand commandement. Il était politique, et de plus avantageux au point de vue purement militaire, d'admettre au nombre de ces dix chefs de corps, dont le plus jeune n'avait que 32 ans, quelque représentant de la vieille armée, comme Camou, par exemple, âgé alors de 48 ans. On voyait encore dans les cadres, en 1840, quantité d'anciens officiers, vestiges d'une autre époque. Choisir quelqu'un d'entre eux, c'était les honorer et bénéficier de leur expérience. On désigna le chef de bataillon Camou pour organiser le 3me bataillon. Ce fut à la tête de cette belle troupe que l'année suivante, il aborda en Algérie pour la seconde fois.

Alors commença sa prodigieuse épopée africaine, d'une durée de quinze années et d'une plénitude de faits telle que la mémoire se fatigue à les énumérer. La prise d'Alger en avait été comme le prologue ; on se rappelle qu'il y avait assisté ; mais le caractère de la guerre s'était beaucoup aggravé depuis. Une fois le gouvernement du Dey abattu, pour y substituer le nôtre nous avions eu affaire aux populations, et de politique qu'elle avait été contre les milices turques et les tribus maghzen, la lutte était devenue nationale et religieuse pour tous les fils du Prophète. Suivant une loi fatale, puisque l'histoire n'y oppose aucune exception, l'homme de la situation arabe s'était révélé tout-à-coup. Marabout et soldat, enthousiaste et politique, Abd-el-Kader avait rallié par l'ascendant de son génie et l'entraînement de sa parole, puis lancé contre nous en proclamant la guerre sainte, tout ce que le Sahell, le Tell et le Sahara contenaient d'éléments hostiles. Le commandant Camou était doué et préparé merveilleusement pour traverser cette phase de périls et de fatigues sans cesse renaissants, à laquelle l'insurrection de 1845 mit le comble. Aussi cette guerre si étrange, si terrible, n'eut-elle bientôt plus de secrets pour lui. Il y excella. Tous les coups qu'il frappa sont des coups de maître. Les rapports des Généraux et du Gouverneur-général, les ordres du jour de l'armée d'Afrique ne sont qu'éloges et citations à son endroit. Toujours et partout son nom. —

Dans les colonnes de ravitaillement sur Médéah et Milianah pendant l'automne de 1841 ; —

Dans une série de combats livrés aux Arabes, du 14 mai au 13 juin 1842 ; —

Dans une vigoureuse action contre les Kabyles, le 11 juillet 1843 ; —

Dans une razzia sur l'Oued-Zitoun, le 30 janvier 1844 ; —

Dans la colonne Marey-Monge, entre le Dira et le Djurjura, en 1845 ; —

Dans la colonne Bedeau, entre Milianah et Boghar, même année ; au pays des Beni-Djad ; au combat d'arrière-garde sur l'Oued-Tléta ; —

Dans la razzia du Djebel Sahari, le 23 février 1846 ; —

Dans un combat contre Abd-el-Kader, le 7 mars, même année ; puis dans la poursuite de l'Émir jusque au-delà du Djebel-Bou-Kaïl ;

Dans la colonne Marey-Monge, au sud de Tittery ; à la razzia des Ouled Sâad-ben-Salem, le 5 février 1847 ; à l'affaire de l'Oued Melah contre les Ouled Aïssa, le 15 du même mois ; —

Dans les campements chez les Beni Zougzoug, en 1848 ; —

Dans l'expédition de l'Oued Sahell, en 1851, contre le chérif Bou-Baghla ; au combat d'El-ma-ou-Aklan, le 23 mai ; à celui d'Aïn-Anou, le 1er juin ; aux deux combats chez les Aouzellaguen, à la fin du même mois ; —

Dans l'expédition du général Pélissier, gouverneur général par intérim, contre les Flittas, les Maktas, les Guechtoulas, pendant l'automne de 1851 ; —

Dans l'expédition du gouverneur-général Randon, en 1854, contre la grande Kabylie ; au combat de Souk el tnin, le 4 juin ; puis aux Beni-Menguellet.

Voilà un sommaire à défrayer bien des chroniqueurs ! Nous nous arrêterons seulement sur deux des épisodes qui montrent le mieux le général Camou en pleine lumière, agissant *de proprio motu,* c'est-à-dire étant le chef de l'expédition. On jugera aisément du reste.

V.

Le 7 mars 1846, le colonel Camou était au bivouac à El Abiod. Il avait sous ses ordres deux bataillons du 33e de ligne, qui était son régiment, un bataillon de zouaves, un bataillon du 22e de ligne, 160 sabres environ, spahis et chasseurs d'Afrique, et une section d'artillerie de montagne. Il avait renforcé sa cavalerie avec les goums alliés qu'il avait appelés à lui quelques semaines auparavant et dont il avait largement payé les services par la razzia du Djebel Sahari le 26 février. Il avait pris un ensemble de mesures, appliquées pour la première fois dans nos colonnes, dans le but d'alléger non-seulement le convoi, mais aussi les fantassins et les chevaux des cavaliers. Un troupeau de chameaux avait été réuni et destiné à porter les hâvre-sacs, les besaces et une certaine quantité de vivres et d'eau. Tout était prêt, en un mot, pour que la troupe, reposée suffisamment, partit au premier signal, avec un degré de mobilité inconnu jusqu'alors.

Dans la matinée le colonel apprend que l'Émir, signalé l'avant-veille au pied du Djurjura, s'est déplacé vers le S.-O. de Birin et a projeté de tomber sur les Douairs, tribu du Maghzen, afin de tirer vengeance de la razzia du Djebel Sahari. En quelques minutes il contrôle les rapports, prend une résolution, arrête un plan, donne ses ordres. Pendant qu'on lève les petites tentes, il a la joie de voir au bout de sa lunette, à deux lieues dans la plaine, une longue file de butin et de cavaliers se dirigeant au Sud. Il met les troupes en marche, laissant en arrière le convoi qui en suivra les traces sous bonne escorte ; l'habileté des mouvements est telle que pendant une heure l'ennemi n'a aucun soupçon. Abd-el-Kader nous reconnaît enfin ; on s'en aperçoit aux éclaireurs qu'il envoie tirailler avec notre avant-garde et au changement de direction qu'il imprime à sa colonne pour ne pas recevoir dans le flanc l'attaque de la nôtre. On presse le pas de part et d'autre ; mais nous gagnons évidemment du terrain. L'ardeur augmente à mesure que la distance diminue. Celle-ci n'est plus que de 3000 mètres environ. Le colonel Camou estime qu'il pourra dès lors appuyer sa cavalerie ; il renouvelle ses instructions à l'officier qui la commande et lui lâche la bride.

A six heures du matin l'Émir avait dépouillé la tribu Maghzen, puis avait répandu la terreur dans le pays qu'il traversait triomphalement ; à deux heures de l'après-midi, le butin lui était ravi, ses cavaliers étaient en fuite, ses réguliers tombés sous nos coups ou dispersés et lui-même, presque seul, s'enfonçait dans le Sud. au galop d'un cheval frais, sous les yeux des populations qui, le matin encore, tremblaient à son nom.

On ne sait ce qu'il faut le plus admirer en cette affaire, de la préparation, de la conduite ou du résultat. Le résultat fut si important que plusieurs personnes se sont étonnées de ce que l'Emir ait pu s'échapper et ont cru, trompées par de fausses appréciations, que le commandant de notre cavalerie avait manqué ce jour là, en partie du moins, à sa fortune. Le général Camou n'eut jamais cette opinion ; mais l'eut-il partagée secrètement, il n'eut jamais voulu déflorer par l'ombre d'un regret une journée si glorieuse.

VI.

Après qu'Abd-el-Kader eut disparu de la scène, des agitateurs grossiers tentèrent de continuer son rôle. Bou-Baghla, (l'homme à la mule), venu des plateaux du Sud, s'était créé une certaine importance au milieu des tribus riveraines de l'Oued Sahell, en exploitant leur crédulité, leur fanatisme et leur goût d'indépendance. Il se disait chérif, animé de l'esprit, couvert de la protection du Prophète ; il nouait des intrigues, excitait les passions, prêchait dans les marchés, s'y livrait à des jongleries, intimidait les uns, entraînait les autres. On racontait qu'il était invulnérable devant nos balles ; qu'une fois, dans une assemblée, il avait forcé un cheik à charger un fusil avec une balle française, à tirer sur lui, à la tête, à bout portant, et que le projectile n'avait fait qu'imprimer sur le front du croyant une légère trace en forme de croissant. Allah ! Allah! Quel signe plus évident !

Ce miracle avait déterminé les Ouled-Sidi-Yaya, tribu de marabouts des Beni-Abbès, à appeler le chérif chez eux, au commencement de 1854. Seulement celui-ci avait jugé prudent de différer sa visite, attendu que le général Bosquet, commandant la subdivision de Sétif, à laquelle le territoire des Beni-Abbès appartient, avait établi, à l'improviste, un camp aux Bibans, c'est-à-dire en bon lieu pour tout surveiller. Mais à la fin d'avril, la colonne d'observation était rentrée à Sétif, les troupes et le général devant prendre part à l'expédition du général St-Arnaud, commandant la province, contre la petite Kabylie, entre Milah, Collo et Djidjelli, et le rendez-voùs ayant été fixé à Milah, à la date du 10 mai.

Ce départ et les bruits précurseurs de cette expédition fameuse enhardirent Bou-Baghla, qui passa, avec les contingents de certaines tribus insoumises du Djurjura, sur la rive droite de l'Oued Sahell, stationna chez ses amis les marabouts et s'aida de leur influence pour réveiller l'agitation et grossir ses bandes. « Les « chiens n'ont pu supporter mon voisinage, disait-il ; que sera- « ce, quand je marcherai sur eux ! » Son but était de remonter le Bousellam, rivière qui, après avoir arrosé les plaines de Sétif, coule au travers d'un massif montagneux, inextricable, à la faveur duquel on peut s'approcher de la route de Sétif à Bougie, d'intercepter cette importante ligne de communication et d'insurger, en fin de compte, toutes les tribus situées à l'ouest du Magris et des Babors, pendant que Bou-Akkas, chef orgueilleux de celles qui sont à l'Est de ces mêmes montagnes, ferait parler la poudre en face du général Saint-Arnaud.

Telle était la situation, quand le général de brigade Camou reçut du Gouverneur-général la mission de rétablir l'ordre et l'obéissance dans cette contrée, assez éloignée de son commandement habituel de Milianah et à laquelle il était étranger. Il partit à cet effet, le 25 avril, d'Aumale où s'étaient concentrés deux bataillons du 8e léger, un bataillon de zouaves, le bataillon de turcos de Blidah, deux sections d'artillerie de montagne et quelques spahis. Cette colonne devait s'augmenter de l'escadron de chasseurs d'Afrique en garnison à Sétif et de deux bataillons du 8e de ligne qu'amènerait le général Bosquet en personne, dès que le gros des opérations contre la Petite-Kabylie serait accompli. C'était peu de monde en somme, surtout dans le moment. Le général n'en eut souci que pour procéder le plus méthodiquement possible. Il arriva vite aux Bibans, puis il ne s'avança plus qu'avec une lenteur calculée, de manière à prendre connaissance de toutes choses et à peser sur les Beni-Abbès, les Ouled-Mokhani et autres populations qui circonscrivent au sud le massif où le chérif se tenait. Bou Baghla, de son côté, avait entamé les hostilités avec ardeur, en frappant les tribus qui hésitaient encore à s'insurger et il avait progressé dans le nord-est, tendant, ainsi que nous l'avons dit, à couper la route de Sétif à Bougie. Le plus facile et le plus sûr moyen de l'atteindre était de tourner le pays montagneux au lieu de s'y engager, de parcourir les deux côtés d'un triangle formés par des routes excellentes plutôt que le troisième formé d'obstacles de toute nature. Le général abandonna la base d'Aumale, se porta à Sétif qui devint sa nouvelle base et pointa dans le nord par la route de Bougie. Il n'eut à s'en écarter que d'une lieue à peine, sur la gauche, pendant sa seconde journée de marche, qu'à dessein il avait fait courte, pour attaquer, le 23 mai, le chérif en position à El-ma-ou-Aklan.

Après avoir battu l'ennemi, qui montra le courage et la ténacité du montagnard, après l'avoir poursuivi jusqu'à la nuit, nos soldats se rallièrent et campèrent sur le terrain de l'action. On employa les jours suivants à recevoir des soumissions, à infliger des amendes ou des châtiments à plusieurs fractions

2.

des tribus avoisinantes , selon leur degré de culpabilité. En rayonnant d'El-ma-ou-Aklan, on aperçut le surlendemain les kabyles rassemblés de nouveau, à deux lieues de nous, sur une position défensive formidable, derrière le Bousellam. Un capitaine d'état-major les reconnut sans qu'ils fissent mine de se déranger. Ils construisaient, sur la crête escarpée de la berge gauche de la rivière, des abris en feuillage, dont une grande tente marquait le centre. Devant la tente un étendard était planté en terre et une demi-douzaine d'individus préludaient à une musique barbare. Le nombre des rebelles évalué à plus de 2000, n'était pas moindre qu'au 23 mai. Ils avaient donc été rejoints par des contingents nouveaux, avaient réparé leurs pertes et repris une fière attitude. Ils assisteront néanmoins impassibles, du haut de leurs rochers, à l'incendie de deux de leurs villages aussi bien qu'à la reconnaissance de l'officier d'état-major ; mais, certainement, ils nous attendront là.

Le général pensa dès-lors que les en déloger sans délai serait une satisfaction vaine en comparaison des avantages qui allaient résulter, pour les opérations, de l'arrivée du général Bosquet, annoncée comme prochaine, avec deux bataillons d'infanterie, une compagnie de sapeurs du génie et un goum. C'était sagement penser. Combien de généraux se seraient empressés, au contraire, même au prix d'une légèreté, de cueillir la palme pour n'avoir pas à la partager quelques jours plus tard ! Eh bien ! ces traits de caractère, de bon sens, de sagesse, ils sont louables à l'égal des traits de décision, d'à-propos, de vigueur. La personnalité du général Camou, à la guerre, est faite des uns et des autres et cette esquisse ne peut être vraie qu'à la condition de les reproduire indistinctement.

VII.

Le général Bosquet arriva le 29. Le 30, ses troupes se reposèrent ; les deux généraux montèrent à cheval dès que le soleil eut dissipé les brumes et raccourci les ombres projetées du matin, conditions essentielles dans un pays accidenté à une bonne appréciation du terrain et des distances. C'était plaisir que de les voir cheminer côte à côte sur leurs beaux chevaux barbes, devisant, le cigare aux lèvres, de la double campagne entreprise. Ils portaient le képi, le petit burnous de laine blanche jeté sur la tunique et les épaulettes ; aux jambes ils avaient les houseaux plus commodes qu'élégants. Leur air martial, franc, décidé, de bonne humeur, annonçait des hommes sûrs d'eux mêmes. L'un âgé de 44 ans, était dans la force de l'âge mûr ; d'une taille au-dessus de la moyenne, sans que cela parut, tant la carrure des épaules et toute la charpente osseuse étaient développées, il avait une force musculaire à terrasser un taureau, le front haut et large, la moustache, les cheveux noirs et fournis, un regard d'aigle passionné, le teint bronzé, les appétits violents, la parole entraînante, imagée, une intelligence de premier ordre, une ambition sans bornes. L'autre, bien que dans sa 59ᵉ année, n'avait encore du vieillard que la moustache blanche ; sa taille élevée de six pieds, ne s'affaissait pas d'un pouce sous le poids de l'âge ; sa constitution de fer bravait toujours les fatigues, les privations, les intempéries ; son visage, ovale et coloré, exprimait la sérénité de l'âme, la modération des goûts ; son œil avait des reflets de bienveillance et de fermeté ; son langage paternel, parsemé de quelques locutions vulgaires, s'accordait avec des habitudes de tempérance et des allures modestes. L'un était plus politique, avait plus l'amour de la gloire et plus de génie; l'autre avait plus de simplicité, plus de sagesse, alliait l'amour du bien à un désintéressement absolu et montrait dans sa conduite une constance à toute épreuve. Tous deux, si dissemblables par l'âge et les dons de la nature, étaient des capitaines accomplis, exerçant sur le soldat un ascendant égal, ayant même cœur, même générosité, même bravoure, même renom. On admirait le général Bosquet, on vénérait le général Camou; on se serait fait hacher en morceaux pour chacun d'eux.

Au bout d'une heure de chemin, ils s'arrêtèrent sur un cap de la rive droite du Bousellam, étudièrent à loisir le bord opposé et la position du chérif, puis convinrent d'un dispositif d'attaque. Les guetteurs du camp de Bou Baghla les avaient signalés sans doute, car les galoubets et les tam-tam commencèrent leur charivari. Ah! les mâtins! s'écria le général Camou, c'était son juron familier; nous leur rendrons l'aubade demain.

Le 1er juin, en effet, la colonne expéditionnaire descendit d'El-ma-ou-Aklan au Bousellam. Elle passa au gué situé en face de la source appelée Aïn-Anou, au pied même de la montagne du chérif. Les troupes se serrèrent en masse sur la rive gauche. Le colonel du 8e léger, régiment tête de colonne, couvrit immédiatement ce mouvement en portant son 1er bataillon sur le plus bas des trois gradins étagés qui formaient le front de la position kabyle; il y déploya deux compagnies en tirailleurs, fit mettre deux pièces en batterie et envoya quelques obus sur les crêtes. Son 2e bataillon resta en réserve à l'Aïn où flottait le fanion du général Camou. Lorsqu'il n'y eut plus sur la rive droite que le convoi et le bataillon de turcos d'arrière-garde, le général Bosquet reprit la marche avec une section du génie, le bataillon de zouaves, une section d'artillerie, les deux bataillons du 8ᵉ de ligne et la cavalerie, remonta le cours d'eau pendant dix minutes, tourna à droite, entra dans une gorge et disparut.

A ce moment le général Camou ordonna au colonel du 8ᵉ léger d'attirer fortement l'attention de l'ennemi en activant le feu et en essayant de faire escalader, par les tirailleurs, le deuxième gradin rocheux. Il plaça lui-même le bataillon de réserve en un endroit plus apparent comme s'il le disposait pour un assaut, et fit traverser la rivière aux tirailleurs algériens. Peu après on entendit une fusillade lointaine.

Le général Bosquet gravissait les pentes au sommet desquelles était la droite de l'ennemi. Son infanterie rencontrait de distance en distance, sur le mauvais chemin qu'elle suivait, des coupures et des barricades bien défendues, qu'il fallait enlever, puis détruire. La cavalerie décrivait une courbe extérieure, cherchant un passage pour se précipiter, à son signal, sur les derrières de la position.

Enfin les zouaves débouchèrent sur un plateau nu, légèrement incliné. Plusieurs groupes kabyles y poussaient des cris sauvages, s'animait au combat. Ceux qui garnissaient la crête au-dessus du 8ᵉ léger, l'abandonnèrent soudain et vinrent joindre leurs efforts aux groupes opposés au général Bosquet. Une cinquantaine de cavaliers se lancèrent aussi du même côté, où le danger était pressant, et déchargèrent leurs fusils sur le bataillon d'avant-garde. Mais ce dernier continua à s'avancer, précédé de ses tirailleurs, se déploya, puis reprit haleine. Le 1ᵉʳ bataillon du 8ᵉ de ligne se rangea en bataille à sa gauche et la section d'artillerie ouvrit son feu.

Aux premiers coups de mitraille les insurgés se retirèrent, en courant, sur les points culminants du plateau. Notre ligne

d'infanterie marcha alors sur cette seconde position et le 2⁰ bataillon du 8ᵉ de ligne, qui arrivait à son tour, se plaça en réserve. Dans le même temps les éclaireurs des chasseurs
d'Afrique apparurent avec le goum, sur le flanc droit du chérif.
L'ennemi comprit qu'il était perdu s'il tenait ferme une seconde
de plus ; un sauve qui peut général lui donna instantanément
des ailes. Les uns s'enfuirent par les derrières de la position,
et jusqu'à ce qu'ils aient pu se dérober dans des ravins, furent
sabrés par nos cavaliers. Bou Baghla dut son salut à la ruse.
Il se sépara de sa musique et de son étendard après en avoir
décoré un de ses compagnons, qui fut poursuivi de préférence
et tué. Les autres se jetèrent dans un ravin, profond et boisé,
auquel s'appuyait primitivement leur gauche et se glissèrent,
traqués par les zouaves, vers la vallée du Bousellam ; ils appar-
tenaient aux tribus de la rive droite et avaient l'intention de
passer la rivière à un gué en aval d'Aïn-Anou. Malheureuse-
ment pour eux, le général Camou en avait eu le pressenti-
ment. Au bruit du canon qui lui avait indiqué que le général
Bosquet était établi sur le plateau, il avait descendu lestement
le Bousellam et avait embusqué les compagnies du bataillon de
turcos, dans les broussailles, au débouché du ravin et autour
du gué, de sorte qu'au moment où les fuyards s'y présentèrent,
les turcos eurent, pour les abattre, la même facilité que les
chasseurs se ménagent dans une battue pour le tir du gibier.

Ainsi fut close la journée. On ne nous blâmera pas d'en
avoir reproduit le détail, si l'on admet, avec nous, qu'il était
indispensable de rapporter au moins un exemple de ce qu'étaient
nos combats d'Afrique, quand un général de l'ordre du général
Camou y conduisait les troupes. Tout y était combiné et exé-
cuté d'une manière supérieure, d'après les principes mêmes
que le général ne se lassait pas de répéter aux officiers. « Le
» kabyle, disait-il, manque de discipline, de cohésion, est mal

» armé ; c'est vrai. Mais il a du courage, de l'acharnement.
» Prenez-y garde. Il n'est pas méprisable ; il est quelquefois
» terrible. Avec lui ne laissons rien au hasard, jouons serré,
» manœuvrons bien. »

Les deux défaites de Bou-Baghla, à huit jours d'intervalle,
lui coutèrent plus de 400 hommes tués et ruinèrent ses projets et son prestige sur la rive droite de l'Oued-Sahell. Dans
la crainte de nos armes et l'espoir d'obtenir l'aman à des conditions moins sévères, les populations répudièrent le chérif
avec autant de zèle qu'elles l'avaient accueilli et le supplièrent,
en montrant les dents, de ne point s'arrêter dans leurs villages.
Il fut donc forcé de repasser l'Oued-Sahell en grande hâte et
de se réfugier au foyer même de ses intrigues, sur les confins
de la Grande-Kabylie.

<h2 style="text-align:center">VIII.</h2>

Là existe un point stratégique important, le col d'Akfadou,
qui donne accès soit dans la vallée de l'Oued-Sahell par le pays
des Fenayas ou celui des Aouzellaguen, soit dans le massif du
Djurjura dont les populations, alors insoumises et à peine con-
nues de nom, sont nombreuses et contiennent dans leur sein
une foule de jeunes étudiants toujours disposés à quitter les
zaouias pour courir les aventures. Une position aux environs
d'Akfadou offrait seule au chérif quelque chance de se maintenir
encore en hostilité avec nous ; il le comprit. Nos généraux le
comprenaient aussi ; mais sans renseignements positifs sur la
direction de la retraite de Bou-Baghla et liés par les instructions
du Gouverneur-général qui leur prescrivaient de ne point ten-
ter l'offensive sur la rive gauche de l'Oued-Sahell à moins

d'absolue nécessité, ils continuèrent l'exécution méthodique de leur plan de campagne. Cela ne consistait plus pour le moment qu'à visiter les tribus compromises, à régler sur les lieux les affaires politiques et administratives, à lever des contributions de guerre, à recevoir des otages, à investir de nouveaux cheiks. Sans se désintéresser de ces soins, le général Camou avait le bon sens de les laisser à son collègue, à qui ils incombaient plus naturellement, puisque ce dernier était titulaire du commandement de la subdivision. — « Vous avez la peine et moi le plaisir, » lui disait-il avec bonhomie. Le temps et la contrée étaient splendides ; les bivouacs occupés successivement étaient abondamment approvisionnés ; le soldat était en belle santé et en belle humeur. L'itinéraire adopté amena la colonne à Bougie, où elle se ravitailla ; puis lui fit remonter la vallée de la Summam, la plus fertile et la plus pittoresque peut-être de l'Algérie, et qui n'est autre que la vallée inférieure de l'Oued-Sahell.

Vers la fin de juin les troupes se trouvèrent à hauteur des Fenayas. Ils avaient donné l'hospitalité au chérif, juraient qu'ils y avaient été contraints, faisaient amende honorable et confirmaient sa présence chez leurs voisins les Aouzellaguen.

Le 28 les Aouzellaguen se montrèrent en armes sur le contrefort de leur montagne le plus proche du fleuve, nous barrant le chemin à l'issue d'un défilé. C'était un cas d'absolue nécessité prévu dans les instructions du Gouverneur et c'était certainement une de ces situations dans lesquelles le général Camou n'hésitait jamais à assumer sur lui toute la responsabilité. Il attaqua à l'instant même, força l'ennemi dans ses villages, vraies citadelles, et le réduisit à demander l'aman, tandis que Bou-Baghla s'enfuyait au-delà d'Akfadou, pour ne plus reparaître.

La question des Aouzellaguen vidée, celle des marabouts Ouled-Sidi-Yaya eut son tour. Bien que les marabouts eussent été les premiers à propager la rébellion, ils devaient en être punis les derniers, d'après le cours des événements; mais ils le furent avec la sévérité que la justice et la politique conseillaient à leur égard.

La colonne alla camper ensuite sous Galah, de la confédération des Beni-Abbès. C'était jadis une forteresse redoutable, capitale d'un petit royaume berbère. C'est aujourd'hui un groupe de ruines et de trois villages sur une montagne à pic de tous côtés, reliée au terrain environnant par une arête rocheuse en lame de couteau. On y apporte des pays arabes les trésors qu'on veut déposer en lieu sûr; les déposants paient aux habitants un droit de garde, dont ceux-ci vivent autant que du tissage des burnous, industrie à laquelle ils s'adonnent. Il était naturel que nous eussions le désir de visiter un endroit si singulier. Les Beni-Abbès en prirent ombrage. La sagesse du général Camou était souveraine dans les circonstances de cette nature, où un rien est susceptible de nouer ou de dénouer une situation. Également éloignée de la faiblesse et de la provocation, elle décida qu'une vingtaine d'officiers, de toutes armes, visiteraient Galah. Inutile d'ajouter que du camp on eut constamment les yeux sur eux. Ces Messieurs ne reçurent pas un mauvais accueil, acceptèrent la difa, firent quelques emplettes et examinèrent, avec discrétion, tout ce qui était intéressant. Ils ne furent pas peu surpris de trouver, aux murailles de l'ancienne enceinte, six longs canons en bronze, de fort calibre, aux armes de Louis XIV. Ces pièces d'artillerie sont encore, très-probablement, couchées par terre à la même place. On ne s'explique pas comment on a pu les y amener, ni comment on pourrait les en retirer, vû l'état des lieux. Elles proviennent, dit-on, de l'expédition maritime française qui échoua contre Bougie sous le grand règne.

Enfin le 12 juillet la colonne, ayant accompli sa tâche, ferma la courbe que ses baïonnettes avaient tracée dans une partie de la subdivision de Sétif et campa près du Bordj des Ouled-Mokhani, où elle avait couché deux mois et demi auparavant. Le lendemain elle se divisa. Le général Camou retourna à Aumale et le général Bosquet à Sétif.

Telle fut cette expédition de 1851, dite de l'Oued-Sahell, heureuse entre toutes, et réputée, à juste titre, selon nous, un modèle aux points de vue militaire et politique. Quelles que soient les opinions à cet égard, nous espérons qu'il y aura una-nimité à convenir de ce point, qu'elle est du moins un fond sur lequel la figure du général Camou se détache à merveille.

IX.

Le trait de la fin est trop honorable pour être passé sous si-lence. Le général Camou fut nommé grand-officier de la Lé-gion-d'Honneur ; mais la plupart des récompenses qu'il avait sollicitées pour les troupes avaient été refusées. Il en eut le cœur navré et, sans bruit, il se plaignit au Gouverneur-géné-ral dans un langage empreint des plus nobles sentiments :

« Je ne puis m'empêcher de vous dire que la froideur avec
» laquelle les propositions signées par moi ont été reçues, me
» fait perdre la confiance des troupes. Comment serai-je écouté
» à l'avenir, quand j'aurai à exposer de braves soldats à des
» dangers imminents ? Je sens que ma force morale n'est plus
» la même. Si je ne puis être relevé de cette fâcheuse position
» je demande ma mise en disponibilité ou en retraite. M. le
» Ministre décidera. Je ne veux pas d'autre alternative.

» Vous me connaissez, Monsieur le Gouverneur, j'ai eu
» l'honneur de servir assez longtemps sous vos ordres, pour
» que vous sachiez que je n'ai jamais eu d'autre ambition que
» celle du devoir. Il m'a été accordé, sur votre proposition,
» dans la Légion-d'Honneur, le grade de grand-officier, j'eusse
» préféré mille fois être oublié et voir récompenser les braves
» gens auxquels j'ai dû le succès de mes opérations. Tous ont
» de l'avenir : ils devraient être encouragés, tandis que moi,
» vieux soldat, je touchais à la fin de ma carrière, content de
» ce que j'étais. »

De nouvelles récompenses furent accordées. Nous nous
sommes écriés ailleurs : Ah ! le digne homme ! n'est-ce pas le
cas de s'écrier ici : Ah ! le digne chef !

On conçoit l'étendue de son influence sur les troupes. Ajou-
tons qu'il exerçait une sorte de séduction sur les individus. La
bonté de son cœur, la loyauté de son caractère, la sûreté de
son commerce, la bonhomie de ses manières et de sa conver-
sation, dont toute prétention, même hiérarchique, était bannie,
charmait quiconque l'approchait. Il était facilement accessible.
Les petits se rassuraient et pouvaient parler en sa présence.
Il aimait à causer et qu'on causât chez lui. Il se plaisait pres-
qu'exclusivement dans la société militaire. Il était inséparable
de ses aides-de-camp. Il leur offrait sa table, ouverte largement,
d'ailleurs, à tout venant, suivant les traditions hospitalières de
l'armée d'Afrique. Quand il avait de l'estime et de l'affection
pour un officier, il l'appelait mon fils, comme le père Bugeaud
disait mon enfant. A l'occasion il avait le secret de certains
mouvements naïfs, de certains mots d'un effet irrésistible.

Dans un combat en Espagne, le sergent Camou prend par le
bras un jeune soldat assez chétif, mais plein de courage, qui

s'exposait beaucoup au feu de l'ennemi : « Tiens-toi derrière moi, lui dit-il, tu es encore trop petit pour te faire tuer. »

A l'attaque d'un village, en Kabylie, un escadron de chasseurs d'Afrique qui marchait sur le flanc de la colonne d'infanterie, n'ayant pas suffisamment réglé son allure, arrive le premier. Le capitaine commandant fait mettre pied à terre à la moitié de ses cavaliers, commence à tirailler, se jette dans les jardins et refoule les kabyles de clôture en clôture. Le général Camou débouche sur ces entrefaites, le fait relever par l'infanterie et lui dit devant le front de son escadron ; « Capitaine, » vous méritez, pour votre escapade, d'avoir les deux oreilles » tirées, je vous fais grâce d'une à cause de votre intrépidité » et de la bravoure de vos chasseurs ! » A quelle récompense ou à quel reproche ce brave officier eut-il été plus sensible ?

Mais n'empiétons pas sur le champ de l'anecdote. Une moisson plus précieuse que celle qu'il nous offre, nous réclame. Le général Camou qui croyait, en 1851, toucher au terme de sa carrière, avait encore à traverser les événements les plus considérables de sa vie militaire, c'est-à-dire les deux grandes guerres qui ont été le réveil de nos aigles.

Général de brigade, il avait commandé la subdivision de Milianah ; général de division en 1852, il fut investi du commandement de la province d'Alger. Il l'exerçait quand éclata la guerre d'Orient.

X.

Parmi les officiers généraux qui avaient fait les plus vives instances pendant la première année de cette guerre, pour y être envoyés, étaient les trois commandants des provinces de l'Algérie. Ils avaient beau ne plus tenir en place au bruit lointain du

canon de Sébastopol, on opposait à leurs désirs qu'il fallait
conserver, comme par compensation, des chefs aussi expérimentés dans un pays qui avait déjà fourni tant de monde à
l'expédition et qui n'avait plus que tout juste le nécessaire de
troupes. Mais dans le commencement de 1855, l'Algérie étant
assez tranquille et la situation étant au contraire très-difficile
en Crimée, on cessa de se retrancher dans ces considérations.
L'armée devant Sébastopol s'augmentait d'ailleurs de plusieurs
divisions et recevait une nouvelle organisation en corps d'armée ;
il y avait donc à pourvoir à bon nombre de commandements
et en février les généraux Pélissier et Camou purent quitter
Oran et Alger pour venir débarquer à Kamiesch. Quant au
général de Mac-Mahon, il n'y débarqua qu'au mois d'août.

Il nous semble qu'il y a, rien que dans le rapprochement de
ces trois noms, dans de telles circonstances, tout un éloge militaire du général Camou.

Le général fut mis à la tête de la 2me division d'infanterie
du 2e corps, qui était l'ancienne 2e division de l'armée primitive. En en recevant le commandement, il embrassa le commandant du 2e corps et lui dit : « Ah ! mon cher Bosquet, je
» suis bien dédommagé de ne pas être arrivé des premiers. Je
» suis fier d'avoir votre ancienne division, les soldats de l'Alma
» et d'Inkermann ! » Le général Bosquet lui répondit en lui
serrant les deux mains : « Beaucoup sont de vieux africains,
» vous connaissent, savent qu'ils sont loin de perdre au change
» et que l'avenir leur réserve avec vous des journées rivales
» de celles de leur passé. »

Jamais prédiction ne fut plus vraie. Le 7 juin et le 16 août
le prouvèrent.

Le 7 juin eut lieu l'attaque du Mamelon-Vert et des Ouvrages-
Blancs du mont Sapone, dans le but d'enlever aux Russes leur

1re ligne de défense au siège de droite. Le général Bosquet, qui en avait été chargé, confia au général Camou la direction du mouvement contre le Mamelon-Vert.

Il est superflu de rappeler que le succès fut complet; mais on en résumera ainsi l'importance : la prise de ces ouvrages, c'était plus que des prisonniers et des canons tombés entre nos mains; c'était l'ennemi arrêté dans ses travaux de contr'approche, refoulé dans la place, à laquelle on pourrait désormais s'attacher de plus près, c'était une phase nouvelle du siège, c'était un grand effet moral, c'était enfin un fait qui devait rester un des plus considérables de la campagne.

Certes le général Camou n'aurait pas rêvé un plus beau début contre les Russes; il en eut souhaité peut-être un moins émouvant. Il y eut en effet un moment critique : sa 1re brigade se jeta sur le Mamelon-Vert avec un entrain irrésistible, mais au lieu de s'y cramponner suivant les ordres reçus, un grand nombre de soldats s'acharnèrent à la poursuite de l'ennemi, vinrent se butter contre Malakoff et ne tardèrent pas à être ramenés. Les troupes restées dans l'ouvrage ne pouvaient tirer sur ce pêle-mêle de monde; un magasin à poudre sauta; huit ou dix hommes furent tués sur place; on crut que le sol était miné; bref, il y eut un instant de panique et l'ennemi rentra dans la lunette du Mamelon-Vert.

A cette vue le général Camou, qui était au milieu de sa 2e brigade, dominant les soldats de sa haute taille et frappant la terre du pied, s'écrie : « En avant! mes enfants! vous ne » laisserez pas déshonorer mes cheveux blancs! En avant! » Vergé! » La 2e brigade, commandée par le général Vergé, reprit l'ouvrage. En racontant plus tard cet épisode, le général Camou passait encore par l'animation qu'il éprouva alors; il était superbe.

Comme sa division avait subi des pertes sensibles pendant
cet assaut et pendant la nuit et le jour suivants qu'elle employa
à retourner contre la place les retranchements devenus la cible
de toute l'artillerie russe, on la releva à la fin du second jour
et on l'envoya se reposer sur la Tchernaya, au corps de réserve
et d'observation.

XI.

Elle s'installa sur les hauteurs qui forment la gauche de cette
position, touchant par sa droite la division Herbillon et ayant
sa gauche protégée par un ravin profond qui la séparait des
lignes de circonvallation et des campements du 2ᵉ corps. Son
front était couvert, au pied des pentes, par le canal d'un aque-
duc mis à sec, la maison d'un éclusier dite Maison-Blanche,
puis au bout d'une prairie par la rivière. Entre le canal et la
rivière, à mi-chemin du seul gué reconnu, la prairie présente
une éminence d'une dixaine de mètres de hauteur.

Le général Camou s'était rendu compte parfaitement de cette
configuration du terrain favorable à la défense ; il disait à ses
officiers en la leur expliquant : « Si jamais les Russes nous at-
» taquent ici, nous n'aurons besoin, pour leur résister, que
» de quatre hommes et d'un caporal », entendant par là que les
seules grand-gardes suffiraient.

Cette hypothèse se réalisa le 16 août. Voyant d'une part la
place serrée de fort près, nos boulets sillonner tous les recoins
de la ville et de la rade, toute sortie nombreuse devenue impos-
sible, et voyant d'autre part l'étendue un peu exagérée des
lignes de l'armée d'observation des alliés, le général en chef
russe se décida à faire sur celle-ci un puissant effort, comme

dernier enjeu, et, en tous cas, comme moyen de retarder de quelques jours la chûte de Sébastopol qui commençait à paraître imminente. Le 16 août fut choisi dans l'espoir, a-t-on dit, que le lendemain de la fête de notre Empereur, les fréquentes libations de la veille ralentiraient notre surveillance et rendraient probable une surprise. Les Russes furent favorisés non par cette circonstance, mais par un brouillard épais, comme à Inkermann. Malgré cela ils échouèrent, aussi comme à Inkermann.

Il ne nous appartient pas de raconter les phases de cette mémorable bataille de la Tchernaya ; nous remarquerons toutefois que l'action sur le front de la 2ᵉ division s'accomplit ainsi que le général Camou l'avait prédit. L'ennemi refoula d'abord les petits postes placés sur la rivière et quatre compagnies de tirailleurs algériens envoyées en reconnaissance, passa au gué de notre extrême gauche et, le brouillard s'étant levé subitement, se trouva à découvert dans la prairie, sous les feux croisés des grand-gardes d'autant plus dangereux que nos soldats, abrités jusqu'aux épaules dans le lit du canal à sec, pouvaient s'appliquer en sécurité à les exécuter avec précision. Il évita la forte grand-garde de la petite éminence, qui avait servi de refuge aux quatre compagnies de turcos ; il appuya sur sa gauche de manière à se rapprocher des principales attaques lancées sur Traktir et à s'emparer de la Maison-Blanche, qui lui aurait facilité le passage du canal. Le général Camou dirigea aussitôt un bataillon du 3ᵉ zouaves sur la Maison-Blanche. Ce bataillon arrêta net les Russes. Ceux-ci, malgré le nombre de leurs morts qui s'entassaient autour de la Maison et au bord du canal, persistèrent dans leur dessein, sans doute parce qu'ils voyaient la colonne voisine de la leur sur le point de réussir.

Attaquée à la fois au pont de Traktir, qui était son centre, et sur ses deux ailes, la division Herbillon perdait en effet du terrain.

La situation exigeait un changement à vue immédiat. Le général Camou l'opéra. Il envoya un bataillon de plus (82ᵉ de ligne) à la Maison-Blanche, qui força l'ennemi à la retraite, et lança tout le 50ᵉ de ligne dans le flanc de la colonne qui assaillait la gauche de la division Herbillon. La brigade de Failly, de cette division, revint sur sa ligne primitive et rejeta les Russes au-delà de la rivière. Il était alors six heures du matin.

Les Russes donnèrent ensuite un second assaut à la position des alliés, mais sans se présenter devant la 2ᵉ division du 2ᵉ corps, que rien n'empêcha en conséquence de continuer son concours à la brigade de Failly.

Ainsi par des dispositions fort simples, mais admirablement entendues, par sa présence d'esprit, son coup-d'œil, sa décision rapide et énergique, le général Camou n'avait eu besoin que de soutenir ses postes avec deux bataillons, pour ne pas se laisser entamer par huit bataillons russes, et, en outre, il avait aidé puissamment à l'action de la division qui avait eu à supporter le plus gros poids de la matinée.

En septembre la division Camou étant encore sur la Tchernaya, le général Bosquet ne voulut pas qu'elle fut privée entièrement de l'honneur de prendre part à l'assaut de Sébastopol. Il obtint du général en chef qu'une de ses brigades formerait la réserve de l'attaque de Mac-Mahon sur Malakoff.

Le général Bosquet ayant été grièvement blessé dans cette héroïque journée du 8 septembre 1855, le général Camou exerça à partir du 9, le commandement provisoire du 2ᵉ corps. A quelques mois de là, lorsque pour récompenser une foule de braves soldats, l'Empereur décréta qu'une seconde division d'infanterie de la garde impériale serait organisée en Crimée même, Sa Majesté consacra les services du général Camou en le désignant pour la commander. Le général rentra en France avec elle.

XII.

En vertu d'une décision impériale qui maintient dans la 1re section de l'État-major général de l'armée, jusqu'à l'âge de 70 ans, les officiers-généraux qui ont commandé en chef devant l'ennemi, le général Camou conserva de 1856 à 1862 le commandement de la division de voltigeurs de la garde. Il la conduisit donc en Italie en 1859. Il partit de Paris, avec elle, le 1er mai, par la voie ferrée de la Méditerranée. C'était le jour anniversaire de sa naissance ; il avait 67 ans et n'avait jamais été plus actif, plus gai, mieux portant ; il se réjouissait de revoir les lieux où il avait fait la guerre 46 ans auparavant, contre le même ennemi, l'autrichien. Le général de division se promettait une revanche des mésaventures du lieutenant blessé et prisonnier en 1813. Il parlait de ce temps là avec une mémoire, une clarté, un intérêt qui émerveillaient ses officiers.

Embarquée à Marseille, la division de voltigeurs débarqua à Gênes et dès qu'elle y fut remplacée par la division de grenadiers de la garde, elle se cantonna sur le versant méridional de l'Apennin, en réserve sur les corps Baraguey d'Hilliers et de Mac-Mahon, qui avaient déjà franchi les cols de la Bochetta et de Gavi. Bientôt après l'Empereur Napoléon III arriva dans la ville de marbre du golfe gênois.

La défensive prudente des Piémontais lors de l'envahissement de leur pays par l'armée autrichienne, de beaucoup supérieure en nombre à la leur, avait pris de la hardiesse à l'arrivée des deux corps français descendus du Mont-Cenis avec le maréchal Canrobert. Le maréchal avait émis cet avis qu'au lieu de tenir aux lignes de la Doire, fortifiées à la hâte pour couvrir Turin, lesquelles en sont trop rapprochées et avaient d'ailleurs trop d'étendue eu égard à l'effectif des troupes, on assurerait plus efficacement la protection de la capitale en allant manœuvrer plus en avant, autour de Casale. Le roi Victor-Emmanuel avait goûté cet avis ; on avait agi en conséquence. Il en résulta que lorsque l'Empereur, estimant le matériel et les approvisionnements de l'armée suffisamment complétés, fit déboucher de l'Apennin les 1er et 2e corps, suivis de la garde impériale et vint établir son grand quartier-général à Alexandrie, Sa Majesté eut toutes les forces alliées appuyées aux deux places principales du Piémont et rangées le long du Pô, en face même de l'armée autrichienne.

Celle-ci avait, comme on sait, son quartier-général à Pavie et presque tous ses corps dans l'angle formé par le Tésin et le Pô. Sa position était très-habilement choisie; plus on y réfléchit, plus il faut en convenir ; mais un inconvénient grave pouvait naître de l'isolement dans lequel la mettait, par rapport à la contrée occupée par les alliés, la courbe décrite par le Pô depuis Casale jusqu'au confluent du Tésin, surtout quand ce grand fossé du Pô regorge d'eau, comme c'était le cas. Aussi le général en chef autrichien se montra-t-il moins agressif et sembla-t-il se renfermer dans une défensive attentive jusqu'à ce que nos projets fussent dessinés. Il regardait sans cesse dans la direction de sa gauche, car il était naturel de supposer que nous serions tentés par le passage du Pô vers Stradella ou Plaisance, opération par laquelle les affluents de gauche du fleuve, y compris le Tésin seraient tournés du même coup. A la suite d'un mouvement du 1er corps français, il voulut enfin voir clair de ce côté; il ordonna une grande reconnaissance offensive, qui amena le combat de Montebello. L'issue de ce combat et la démonstration faite par le 1er corps sur des positions plus avancées n'étaient pas de nature à dissiper les préoccupations du général en chef autrichien ; il devait être entraîné au contraire à renforcer son aile gauche.

Alors l'Empereur jugea le moment venu d'exécuter le beau mouvement stratégique qu'il avait conçu en secret pour porter soudainement les armées alliées sur la droite de l'ennemi, la déborder, surprendre le passage du Tésin et marcher sur Milan par la route de Turin. Rien ne fut négligé de ce qui pouvait masquer ce mouvement général, pas même les petites ruses d'usage. Ce qui valait mieux qu'elles c'était la topographie de la contrée offrant successivement, pour nous dérober, le rideau du Pô jusqu'à Casale, celui de la Sesia jusqu'à Verceil et au-delà de Verceil des rizières et la chaussée du chemin de fer de Milan. Néanmoins qui se serait flatté qu'une marche de cette longueur, faite par toute une armée si près d'une autre, fut jusqu'au bout ignorée de l'ennemi. Il fallait donc être prêt soit à le contenir, soit à lui donner le change ; ce qui impliquait de l'attaquer par où il était le plus facile pour lui de venir à nous et pour nous d'aller à lui. De là l'ordre, en date du 30 mai, de l'Empereur au Roi, qui avait ses troupes massées à Verceil, pour lui faire faire sur la droite en bataille. Les deux combats de Palestro, qui témoignèrent si hautement de la vaillance de l'armée sarde (et du 3e de zouaves) résultèrent de ce mouvement.

Le 1er juin l'Empereur et la garde impériale entrèrent à Novare.

Le 2 juin, à 5 heures du matin, Sa Majesté visita l'emplacement des corps et des avant-postes en avant de la ville, du côté le plus exposé, sur la route de Mortara, qui, entre parenthèse, traverse précisément le théâtre de la bataille de 1849. De retour au grand quartier-général, l'Empereur fit appeler, vers 10 heures, le général Camou et lui donna verbalement des instructions.

Dans l'après-midi le général, à la tête d'une colonne composée de sa division de voltigeurs, d'une compagnie du génie de la garde, de deux batteries d'artillerie de la garde , de deux batteries d'artillerie de réserve, d'une batterie à pied, d'un équipage de pont et d'un escadron de cavalerie légère, s'acheminait, par Galiate, vers le Tésin, tandis qu'une brigade du 2ᵉ corps se portait à Trecate pour couvrir son flanc droit. A sept heures du soir, il dépêchait un officier à Novare, afin de rendre compte à l'Empereur qu'en conformité de ses ordres et avec le concours spécial des généraux Lebœuf et Frossard, commandants l'artillerie et le génie de l'armée, un pont de bateaux avait été établi au lieu dit Porto-di-Turbigo, qu'aucun indice n'avait dévoilé la présence de l'ennemi, mais que toutes les dispositions étaient ou seraient prises dans la nuit comme si l'ennemi devait se présenter en force. Ah ! nous reconnaissons bien là le général Camou ! Il n'ignorait pas l'importance de sa mission ; sa perspicacité militaire lui révélait peut-être que ce chemin qu'il ouvrait était celui que la victoire choisirait tout-à-l'heure pour accompagner nos drapeaux ; mais eut-il eu l'esprit dégagé de toute responsabilité, que rien n'eut été dirigé avec une intelligence plus calme, une méthode plus parfaite, un art plus consommé.

XIII.

Le 3, le 2ᵉ corps passa le Tésin dans la matinée sur le pont de Turbigo. Le général de Mac-Mahon, commandant de ce corps, reçut les rapports du général Camou, dont la division devait former sa réserve ; puis, suivant son habitude d'utiliser le temps que ses troupes mettaient à déboucher, pour reconnaître de ses yeux le terrain environnant, il se porta en avant avec son vieil ami et quelques officiers. On avisa un clocher voisin ; on s'empressa d'y monter ; mais il fallut en descendre plus précipitamment encore : au premier regard jeté du haut de l'édifice sur la campagne couverte de mûriers et de vignes, on avait aperçu entre les arbres, à peu de distance, une colonne d'infanterie autrichienne.

La rencontre qui succéda à cette découverte, s'appelle le combat de Robecchetto. Divers petits engagements eurent lieu simultanément en aval du pont, sur la ligne des avants-postes du régiment de voltigeurs commis à la garde de la tête du pont. L'ennemi savait que penser désormais. Il se hâtait de se mettre en mesure d'agir.

Pendant que ces reconnaissances s'effectuaient, il remontait en effet dans le nord, à marches forcées, pour couvrir la capitale de la Lombardie et couper, des armées alliées, les corps qui étaient déjà sur la rive gauche du Tésin. Son avant-garde se heurta, le 4, contre une brigade de grenadiers de la garde, qui venait de traverser le pont de San-Martino, avec ordre de protéger la construction d'un pont de bateaux à côté de ce dernier ébranlé, sinon rompu, la veille et n'offrant pas des conditions de sécurité suffisantes. Ce choc fut le commencement de la bataille de Magenta. A combien d'autres, rudes et sanglants, résistèrent inébranlablement les troupes qui s'étaient cramponnées les premières aux abords de Ponte-Nuovo et de Ponte-Vecchio-di-Magenta ! Héroïque division Mellinet, héroïque brigade Picard, gloire à vous ! Votre courage opiniâtre donna au gros de l'armée le temps d'arriver et sauvegarda le mouvement du général de Mac-Mahon, qui devait être si complétement décisif !

La division de voltigeurs, entraînée dans ce mouvement, marcha avec la colonne de droite du 2e corps, à la suite de la division de la Motte-Rouge. Quand celle-ci attaqua enfin, après

la longue et émouvante attente passée dans l'alternative qu'on
sait, le général Camou forma la seconde ligne en disposant ses
treize bataillons par bataillon en masse à intervalle de déploie-
ment, les bataillons des ailes étant doublés, et s'avança, tam-
bour battant, dans cet ordre majestueux, avec un ensemble,
un aplomb, une fierté qui signifiaient bien ce dont était capable
une telle réserve.

L'ennemi refoulé, une puissante artillerie mise en batterie
sur la voie ferrée le décima, tout en reliant le 2e corps au reste
de l'armée. Il devint évident alors que l'autrichien ne pourrait
plus se maintenir dans l'angle de fer et de feu tracé par notre
ligne de bataille générale, mais que tant qu'il serait maître de
Magenta, il se retirerait sans confusion, en se servant de cette
ville comme pivot et appui. Sans Magenta la bataille restait in-
décise ; avec Magenta la victoire était éclatante. A chaque chose
son nom ; l'ordre donné en ce moment par le général de Mac-
Mahon à ses trois divisionnaires, aussi clair que bref, *point
de direction, clocher de Magenta,* fut tout simplement un
trait de génie.

Et la ville fut enlevée d'assaut, malgré l'acharnement d'une
défense poussée jusqu'aux limites du désespoir. Toutefois les
défenseurs ne lâchèrent pied qu'à l'arrivée de la division de
voltigeurs sous les murs mêmes de la ville et lorsque plusieurs
bataillons en furent détachés pour aller garder les issues contre
toute tentative de secours ou de fuite.

Il était tard ; la nuit tombait très-noire ; le soldat était ha-
rassé ; les troupes bivouaquèrent où elles se trouvaient. Le
général Camou, au milieu des morts et des mourants, coucha,
enveloppé dans son caban en caoutchouc, sur un tas de blé
vert que lui disputait son cheval et soupa d'un quart * de café

* Gobelet en fer battu à l'usage du soldat en campagne.

et d'un morceau de biscuit emprunté à la gamelle de la compagnie de garde à son quartier. Voilà la guerre ! Mais il avait vu au feu la division qu'il avait organisée avec tant de sollicitude et nous doutons qu'il y eut au monde, ce soir-là, un homme plus content que lui.

XIV.

L'armée autrichienne battit en retraite dans la direction de Lodi, en nous abandonnant Milan. Deux corps français se réunirent à Melegnano ou Marignan, déjà célèbre dans l'histoire, dans le but d'intercepter la marche rétrograde des colonnes ennemies. Le combat fut rude et sans grand résultat. L'ennemi continua à se retirer dans l'est et nous à pénétrer de plus en plus en Lombardie. Dans l'ignorance de ses intentions, nous devions ne pas nous écarter des règles de la prudence, être toujours en mesure de livrer bataille et en conséquence faire mouvoir les corps d'armée en conservant entr'eux certains rapports de distance. De là surgissaient des difficultés matérielles, des temps d'arrêt, des fatigues que nul ne pouvait épargner aux troupes. La peine attachée à un trajet de deux ou trois lieues sur les routes encombrées était souvent plus accablante que s'il eut fallu franchir une étape de dix lieues sur un chemin libre. Quelques grognards, et dans la garde il y en avait ne fut-ce que par tradition, appelaient cela des parties de drogue et, bien que solides et disciplinés en réalité, laissaient cours parfois à leur bile. Le général Camou s'en exaspérait volontiers, comme de tout ce qui avait la moindre apparence de défaillance ou d'indiscipline. Quand il saisissait au passage une boutade, il en apostrophait vertement l'auteur : « Mau- » vais soldat, celui qui ne sait pas se taire ! Aux bagages à la

» première affaire ! » Aïe ! comme le grognard se mordait la
langue et jurait qu'on ne l'y reprendrait plus.

Si lentement qu'on marchât, on marchait pourtant et on ac-
quérait de plus en plus la certitude que l'ennemi avait repassé
le Mincio. Nous attirait-il dans son fameux quadrilatère ? Étions-
nous voués à la perspective du siège de ses places ? Le 23
juin, après avoir traversé une plaine vaste, unie, sans obstacles,
qui faisait rêver de cavalerie, le grand-quartier impérial se
posa avec la garde à Montechiaro, sur la Chiese, ayant en avant
de lui les 1ᵉʳ et 2ᵉ corps, à droite les 3ᵉ et 4ᵉ, à gauche les
sardes ; le tout sur un demi-cercle passant par Castiglione et
s'appuyant d'un côté au lac de Garde, et de l'autre à la Chiese.
Les ordres pour le lendemain furent transmis dans la nuit,
comme d'habitude. L'armée devait continuer à s'avancer, le
centre sur la grande route de Mantoue et la garde impériale,
les voltigeurs en tête, devait se porter à Castiglione en rempla-
cement du 2ᵉ corps.

La division Camou quitta donc le 24, vers 5 heures du
matin, son campement de Montechiaro. A mi-étape elle entendit le canon, puis vit plusieurs officiers passer au galop pour
aller rendre compte à l'Empereur de la présence de l'ennemi
devant les corps Baraguey-d'Hilliers et de Mac-Mahon, nouvelle
bien inattendue. Une bataille était engagée ; c'était à n'y croire
pas ! Comment l'armée autrichienne s'était-elle ravisée tout-à-
coup pour livrer bataille avec une rivière à dos ? On s'expliqua
quelques heures plus tard le plan du général en chef autrichien,
par la force des positions que ses troupes défendirent contre
nous et qu'elles connaissaient à fond, puisqu'elles étaient ac-
coutumées chaque année à s'instruire sur ce terrain aux ma-
nœuvres de guerre. On apprit aussi que l'empereur François II,
partageant la confiance de ses généraux dans le succès, s'était

décidé à paraître au milieu de son armée. Enfin on devina le rôle décisif dont se flattait la cavalerie autrichienne dans la plaine au-delà de Montechiaro, dans l'hypothèse où, battus et pressés vivement, nous ne pourrions, comme il était probable, tenir ferme sur la position de Montechiaro, trop rapprochée du lieu de notre défaite présumée. Il y avait beaucoup d'illusions en tout cela ; mais il y avait aussi une réalité grave : les alliés étaient surpris, et leur front, convenable à quelques marches de l'ennemi, était trop étendu dans le cas d'une affaire immédiate.

Pour le moment le général Camou n'avait qu'à accélérer le pas, ainsi que ses voltigeurs, alléchés par la canonnade, le faisaient d'eux-mêmes. Il reçut des ordres à Castiglione, y laissa ses *impedimenta* et, longeant la base des hautes collines qui forment au nord le cadre de la plaine développée entre la Chiese et le Mincio, il conduisit sa division au plus près du combat.

Dès qu'il y eut assez d'espace entre ces collines et la route de Mantoue qu'encombrait la queue du 2ᵉ corps, il déploya sa 1ʳᵉ brigade par bataillons serrés à demi-distance et dirigea sur sa gauche sa 2ᵉ brigade en colonne, de manière à ce que gravissant les pentes en biais, elle atteignît facilement les sommets. A hauteur du mont Fenile, il marqua un temps d'arrêt. Il était alors sous la main de l'Empereur ; car Sa Majesté trouvant ce monticule propice, malgré les projectiles qui y tombaient, s'y était arrêtée pour embrasser du regard l'ensemble de l'action. Fixant alternativement son attention sur la plaine de la Chiese, où la bataille commençait à s'étendre, et sur la position de Solferino attaquée par le 1ᵉʳ corps avec une extrême vigueur et défendue de même, l'Empereur reconnut parfaitement qu'il ne serait maître de la situation qu'à la condition de se maintenir tout au moins dans la plaine, en y reliant, de son mieux, les corps dont les intervalles étaient trop considérables, et d'enlever coûte que coûte, Solferino, clef du système autrichien et de tout le théâtre de la lutte. Il n'hésita donc pas, en vue d'obtenir ce dernier résultat, si capital, à engager la garde, son unique réserve en ce moment, bien qu'il ne fut encore que dix heures du matin.

D'une part, l'attaque prononcée sur la crête qui aboutit à l'église du village de Solferino, paraissait, après bien des sacrifices, ne pas être en train de réussir promptement; il fallait l'appuyer. D'autre part la hauteur des Cyprès et le piton de la Tour, appelée l'espionne de l'Italie, n'avaient pu être abordés encore. La division Forey n'avançait plus ; une de ses brigades (général d'Alton) était écrasée de front par des forces supérieures et menacée sur son flanc par une colonne débouchant de Casa-del-Monte ; il fallait la tirer du danger et vaincre ensuite les dernières résistances de l'ennemi aux Cyprès et à la Tour. L'Empereur fit venir le général Camou et lui dit ce qu'il demandait au courage de ses voltigeurs. Un tableau de M. Yvon représente cet épisode ; on le voit au musée de Versailles. Le général Camou y est fort bien traité au premier plan.

La disposition des brigades de la division de voltigeurs sur le terrain indiquait la tâche de chacune. La 1re brigade entraînée au pas de course par son chef, (général Manèque), se scinda en deux colonnes. Le bataillon de chasseurs à pied et 2 bataillons du 1er voltigeurs dégagèrent le général d'Alton et le 2e voltigeurs refoula la colonne de Casa-del-Monte. De quoi n'étaient pas capables ces troupes d'élite sous les yeux de leur souverain ! Tout cédait sur leur passage impétueux : les Cyprès conquis, la Tour abandonnée, une batterie qui en descendait prise, bon nombre de prisonniers avec un drapeau, le combat transporté entre Solferino et Cavriana étaient autant d'avantages qui présageaient le triomphe de nos armes. Toutefois il ne pouvait être assuré que par la chute de Cavriana, point d'appui de la seconde ligne autrichienne et quartier-général de l'empereur François II.

Cette position de Cavriana devint naturellement le second objectif des 1er et 2e corps. Devant les nouveaux succès de notre centre, devant les progrès de nos ailes, lents il est vrai, mais réels, puisque les Sardes étaient parvenus à s'emparer de San-Martino et que les corps de la plaine quoiqu'arrêtés plusieurs fois, finissaient toujours par avancer, enfin devant un orage épouvantable, déchaîné subitement, qui aveuglait leurs troupes, les autrichiens renoncèrent à la partie et ne songèrent plus qu'à mettre le Mincio entr'eux et les alliés.

Pendant cette dernière phase de la bataille, la division des grenadiers avait pris la tête de l'infanterie de la garde et la 2e brigade de voltigeurs la tête de la division Camou. La brigade Manèque avait eu besoin de quelque répit tant pour se rallier que pour aller rechercher ses sacs qu'elle avait déposé à terre au début de sa brillante offensive. Certes nous ne n'oserions blâmer en cette circonstance l'ordre d'alléger le fantassin de son hâvre-sac, mais, règle générale, cette mesure est mauvaise.

Le soir la 2e brigade s'établit en avant de Cavriana, où l'empereur Napoléon, à son tour, avait placé son quartier-général et la 1re brigade s'arrêta en arrière.

XV.

Solferino amena un dénouement de la campagne tout-à-fait imprévu, une paix signée ailleurs que dans Vérone ou dans Venise. Le dernier fait de guerre des alliés contre l'Autriche fut aussi le dernier de la longue série de combats et de batailles que traversa le général Camou et qui le faisait regarder alors comme le Nestor de nos armées. A considérer ce glorieux terme, non le destin n'est pas aveugle, qui voulut que la majeure partie des trophées conquis le 24 juin fussent dûs à la division du général et qui décerna aux voltigeurs, en ce qui se rapporte à la garde impériale, l'honneur de cette grande journée, tandis que l'honneur de la journée du 4 était revenu à la division de grenadiers !

On a dit, et nous le croyons, qu'à la rentrée de l'armée en France, l'Empereur, qui avait une profonde sympathie pour le caractère du général Camou et une haute estime pour ses services, pensa à donner au vieux guerrier un siège au Sénat, c'est-à-dire en même temps que du repos une récompense éclatante ; mais que le général exprima respectueusement que la plus belle récompense, selon son cœur, serait qu'il lui fut permis de rester avec ses soldats, jusqu'à la limite d'âge fixée par les réglements. Sa Majesté aurait daigné accueillir ce souhait et le général Camou fut élevé à la dignité de sénateur seulement à la date du 1er janvier 1864.

Assidu aux séances du Sénat et du conseil de l'ordre de la Légion-d'Honneur dont il était membre, il se plaisait à y retrouver non-seulement une occupation sérieuse, mais encore le commerce de beaucoup de ses plus anciens amis. Ce fut pour ainsi dire dans l'exercice de ses fonctions qu'il fut surpris par la mort. Depuis quelques années il s'était senti vieillir, surtout depuis qu'il avait été affecté par la perte qu'il fit de son fils adoptif et ensuite de la dernière de ses sœurs ; mais les soins de la veuve de ce fils regretté, dont l'enfant était comme l'ange gardien de son foyer, le soutenaient, et l'air natal qu'il avait le loisir d'aller respirer dans la saison des vacances le retrempait. Il était exempt de toute infirmité, encore ferme et droit ; son âge n'était pas excessif, rien en définitif ne pouvait donc faire prévoir sa fin prochaine.

Heureux qui meurt au lieu de sa naissance ! Cette pensée mélancolique avait été pour quelque chose dans les motifs qui avaient déterminé le général, lorsqu'il s'était retiré du service, à acquérir une petite maison à Oloron. Il fut privé, mais sans en avoir conscience, de la consolation de rendre l'âme sous ce même ciel des Pyrénées où il l'avait reçue ; du moment où il fut frappé d'apoplexie jusqu'à son dernier soupir, il ne reprit pas ses sens. Sa dépouille mortelle fut du moins transportée à Oloron. Contrairement à ses vœux, ses obsèques ne se firent pas sans pompe ; cette ville les célébra à ses frais, disant qu'un citoyen qui ne s'était jamais appartenu de son vivant, n'avait pu vouloir s'appartenir après sa mort et se soustraire à la reconnaissance de son pays.

Quand un homme a ainsi vécu ; quand mêlé à des événements de guerre si nombreux, il a accompli tant de bien, a donné de tels exemples, s'est acquis une gloire si pure, tout en restant modeste comme s'il n'avait jamais battu l'ennemi ; quand enfermé dans la triple cuirasse du devoir, de l'honneur, du patriotisme, il a semblé ignorer, admirable candeur, les passions ardentes du siècle, les luttes politiques, les fièvres ambitieuses, les convoitises de toutes sortes, pour n'aimer que les périls, la misère du soldat et la splendeur du drapeau de la France ; quand il a été l'incarnation de l'esprit militaire et des vertus guerrières, sa mémoire n'a pas à craindre l'abandon. Tant qu'il y aura des honnêtes gens, des gens de cœur ; tant que notre pays repoussera le poison subtil que les Eunuques modernes lui présentent, dans l'espoir de changer en mollesse et en lâcheté toutes ses mâles vertus ; tant que croîtra dans nos champs, comme le blé, la plus précieuse de nos richesses

nationales, c'est-à-dire le contingent annuel de l'armée ; tant
que cette armée existera, forte et généreuse, avec ses principes
et ses traditions, avec la * « flamme de cette démocratie qui fait
« que chacun est jugé d'après ses actes et sur les services qu'il
« a rendus », votre nom, ô général Camou, sera transmis
d'âge en âge, et honoré comme représentant le mieux cette
belle devise : ENSE ET VIRTUTE PRO PATRIA !

FIN.

* Discours du maréchal Niel au corps législatif, 1868.

TABLE.